KNUCKLE DUSTERS
TATTOO IDEAS FOR YOUR HANDS

COMPILED BY ERICK ALAYON
COPYRIGHT 2004

DEDICATED TO
THE BUMPER-STICKER-IDIOT

BALL LESS

1%ER 4EVA
1%ER _FF_
1488 4EVA
1488 HATE
1BAD MOFO
2FST 4LUV
ABSI NTHE
ACID BABY
ACID HEAD
ACID LOVR
AINT FAIR
AINT RITE
AINT TIME

3

AK47 AR15
AK47 LOVE
ALLS FAIR
ALLS WELL
ARMY BRAT
ARMY LRRP
ARMY RNGR
ARMY RULZ
ASHS DUST
BABY DOLL
BABY GIRL
BABY LOVE
BACK AGEN

BACK AWAY
BACK DOOR
BACK DOWN
BACK HOME
BACK ROAD
BADD GIRL
BADD MOFO
BAND GRPY
BASE BALL
BASS KING
BASS PLYR
BEAT DETH
BEEF STEW

BEER BROS
BEER HERE
BIGG GIRL
BIGG STUD
BIGG TITS
BIGG TOOL
BIKE GIRL
BIKR CHIK
BIRD HAND
BLAK BLUE
BLAK JACK
BLAK WICH
BLING BLING

BLOW LOAD
BLTZ KREG
BLUE BROS
BLUE EYES
BLUE LADY
BLUE MOON
BOAT BLDR
BOBA FETT
BODY ROCK
BODY TALK
BOMB AWAY
BOND GIRL
BONE HEAD

BOOK WORM
BOOM BOOM
BOOT PRTY
BORN AGEN
BORN STAR
BORN TUFF
BORN WILD
BOYS TOYS
BRIC BRAC
BROO KLYN
BRUI SERS
BUDD 4YOU
BULL SHIT

BURN BABY
BUSH BOMB
CAIN ABEL
CALI GIRL
CANT STOP
CARD PLYR
CARE BEAR
CATT FITE
CHEV LOVE
CHOP TOPP
CLIF SUKS
CLUB SLUT
COLD BREW

COLD DEAD
COLD HART
COME BACK
COME HERE
COME OVER
COOL DOWN
COOL DUDE
COOL RIDE
COOL TOOL
COPS SUCK
CUMM SLUT
CUPA JAVA
DAWN DEAD

DEAD GIRL
DEAD GONE
DEAD HAND
DEAD HEAD
DEAD LUCK
DEAD ZONE
DECK HAND
DELI CLRK
DETH DELR
DIEN YUNG
DIRT GIRL
DIRT LOVE
DIRT ROAD

DOGG FITE
DOIN TIME
DOIT AGEN
DON'T FEAR
DON'T STOP
DOWN AWAY
DOWN NOUT
DOWN TOWN
DROP ROLL
DRTH VADR
DRTY GIRL
DRUG ADIK
DUCK HUNT

DUMB LUCK
DUSK DAWN
EAST SIDE
EAST WEST
EASY CASH
EASY FUCK
EASY LOVE
EASY RIDE
EASY SLUT
EASY TIME
EASY WAYS
EGGS MAYO
EVIL DEAD

EVIL GIRL
EVIL HERE
EYES EARS
EYES ONLY
EYES ONME
FACE DOWN
FACE FUCK
FARE WELL
FAST 4LUV
FAST CARS
FAST FORD
FAST FREE
FAST LANE

FAST LOVR
FAST PAIN
FEAR FULL
FEAR LOVE
FEAR NONE
FEEL FINE
FEEL GOOD
FEEL GRAY
FEEL HATE
FEEL LIKE
FEEL NICE
FELL FAST
FILM CREW

FINE LINE
FINE WINE
FIRE AWAY
FIRE STAR
FISH DISH
FISH HEAD
FIST FITE
FIST FUCK
FITE BACK
FITE FREE
FIVE DIME
FIVE WORD
FOLK ROCK

FOOD FEST
FOOL 4LUV
FOOL 4YOU
FOOT BALL
FORD RULE
FORD RULZ
FORE DECK
FORE NAFT
FREE HAND
FREE LOVE
FREE PLAY
FREE RIDE
FREE TIME

FRIK FRAK
FRST MATE
FUCK FACE
FUCK LIFE
FUCK LUST
FUCK SYST
FUCK THAT
FUCK YOUZ
FULL LOAD
FULL MOON
FUNK ROCK
GAME PLAY

GAME RULE
GANG BANG
GANG SLUT
GANG STER
GEEK DORK
GEEK GIRL
GETT SOME
GIME SOME
GIRL FUCK
GIRL LOVE
GIVE TAKE
GIVE ITUP
GIVE SOME

GLOK 9MIL
GODS LOVE
GOLD RING
GONE OVER
GOOD EVIL
GOOD FELA
GOOD FUCK
GOOD GIRL
GOOD LUCK
GOOD NITE
GOOD TIME
GOTH GIRL
GR8R SK8R

GR8R THAN

GRAF KING

GUNS AMMO

GUNS GUTS

H84U TOGO

H84U 4EVA

H8ER 1488

HADA DOIT

HAND BONE

HANG TUFF

HARD BALL

HARD CORE

HARD DAYS
HARD EDGE
HARD HEAD
HARD LIFE
HARD LUCK
HARD NOCK
HARD ROCK
HARD TIME
HARD WORK
HART BRKR
HATE 1488
HATE GAME
HATE HELP

HATE	LIFE
HEAD	HEEL
HEAD	SHOP
HELL	BABE
HELL	BABY
HELL	BENT
HELL	BORN
HELL	FIRE
HELL	HOLE
HELL	RAGE
HEMP	HEAD
HERE	GONE
HIGH	GEAR

HIGH TIME
HOLD FAST
HOLE HEAD
HOLE IN 1
HOLY ROLR
HOLY SHIT
HOME LAND
HOME SICK
HOPE FEAR
HOTT BABE
HOTT COLD
HOTT MAMA
HUGS KISS

HUGS XOXO

HUNT FISH

IMON FIRE

JAZZ BASS

JQKA UZVW

JUDO CHOP

JUNK YARD

JUST CAUS

JUST DOIT

KEEP ONIT

KILL 187~

KILL BILL

KILL BUDA

KILL DEAD
KIND MEAN
KING FOOL
KING KONG
KING PINN
KING RULE
KISS ARSE
KISS FROG
KISS KILL
KISS TELL
KISS XOXO
KNCL HEAD
KNIT GRIT

LADY LUCK
LAST LOOK
LAST SITE
LAST TIME
LATE NITE
LAZY DOGG
LAZY JACK
LAZY KIND
LEFT HOOK
LETS FUCK
LETS ROLL
LIFE DETH
LIFE FATE

LIFE HATE
LIFE LIKE
LIKE ROCK
LITE BEER
LIVE FAST
LOCK KEYS
LONE WOLF
LORD RING
LORD VADR
LORD YODA
LOST LOVE
LOST SOUL
LOVE BEER

LOVE FEAR
LOVE GUN-
LOVE HATE
LOVE HRTS
LOVE HURT
LOVE LESS
LOVE LIFE
LOVE LUST
LOVE NWAR
LOVE PAIN
LOVE TITS
LRGR LIFE
LUCK FUCK

LUKE YODA
LUKY CATT
LUKY CHRM
LUKY DEVL
LUKY DICE
LUKY MOFO
LUKY ROLL
LUST GIRL
MACH FOUR
MADE INNY
MAKE DETH
MAKE LOVE
MAMA PAPA

MANS RUIN

MAYB LATE

MEAN 4EVA

MEAN MOFO

MEDI EVAL

MELT DOWN

MERC WORK

MILK DUDS

MIS4 TUNE

MISS FIRE

MISS FITT

MOOD SWNG

MOON LITE

31

MORE BEER
MORE CASH
MOTR HEAD
MOVE ITON
NAIL FILE
NAME GAME
NAME 4EVA
NAVY BRAT
NAVY RULZ
NAVY SEAL
NAZI SKIN
NEON LITE
NICE FUCK

NICE JUGS
NICE TITS
NIFE FITE
NITE LIFE
NITE LITE
NITE TIME
NO 1 HOME
NOCK OUT
NYFD HERO
NYHC HATE
NYHC LOVE
NYHC 4EVA
NYHC SLUT.

NYPD BLUE
NYPD HERO
ODIN THOR
OLDE BLUE
OLDE TIME
OLDE HART
ONLY LOVE
OPEN HART
OUTA HERE
PAIN KING
PASS DEAD
PASS OVER
PENT HAUS

PHAT GIRL
PINK LADY
PINT BEER
PLAY EASY
PLAY GAME
PLAY GIRL
PLAY HARD
PLAY NICE
PLAY SLUT
POKR PLYR
PONY RIDE
POON TANG
POOP DECK

PORN STAR
PORT LAND
PORT STAR
PORT STRB
POTS PANS
POTT HEAD
PUNK GIRL
PUNK ROCK
PUNK SKUM
PUNX RULE
PUSY EATR
R2D2 C3PO
RACE ISON

RAIN POUR
RANT RAVE
RAPP STAR
RAVE GIRL
RAYZ HELL
REAL DEEP
REAL LAZY
RICH PORT
RIDE LIVE
RITE LEFT
RING TONE
RIOT GIRL
RITE TIME

ROAD KILL
ROAD RAGE
ROAD STER
ROCK 4EVA
ROCK HARD
ROCK HEVY
ROCK ROLL
ROCK STAR
RODS REEL
ROID RAGE
ROLL BONE
ROLL OVER
RONG WAYS

ROPE SCAR
ROPE SLUT
ROSE BUDD
RUDE GIRL
RUDE BABY
RUDE BOYZ
RUFF BOYS
RUFF GIRL
RUMN COKE
SAID NOTT
SAIL AWAY
SAND WICH
SAVE FACE

SCTH SODA
SELF HATE
SELF PAIN
SELF PITY
SEXY GIRL
SEXY MAMA
SHIP MATE
SHIP RECK
SHIP SHOR
SHOP DROP
SHUT DOWN
SICK FUCK
SICK MIND

SICK WAYS
SK8R BOYS
SK8R GIRL
SKIN BONE
SKIN GIRL
SKIN HEAD
SKIN SHOW
SKIN TONE
SKUM FUCK
SLAP BASS
SLAP FACE
SLAP STIK
SLIM NONE

SLOE GINN
SLOW DOWN
SLOW RIDE
SLUT GIRL
SLUT LOVE
SLUT WIFE
SMAK DOWN
SNOT NOSE
SOFT CURV
SOME TRIM
SONG SUNG
SOUL MATE
STAR BOYS

STAR GIRL
STAR TREK
STAR WARS
STAY CALM
STAY EVIL
STAY GOLD
STAY GOOD
STAY OVER
STAY TRUE
STAY TUND
STON COLD
STOP DROP
STR8 EDGE

STRB PORT
STRY CATS
STRY DOGS
SUCK DICK
SUCK FUCK
SUCK TITS
SUIT FINE
SUPR HERO
SURE THNG
SWNG LOVE
TALL GIRL
TALL TALE
TALE TELL

TATS 4EVA
TEAM WORK
TECH LIFE
TEDY BEAR
TEEN IDOL
TEXS GIRL
THEN WHAT
THIS THAT
THUG LIFE
TIED DOWN
TIED DYED
TIME FLYS
TIME GONE

TIME ISUP
TIME OVER
TIME TELL
TITS NASS
TONE DEAF
TREE ROOT
TRID TRUE
TRUE EVIL
TRUE HART
TRUE LOVE
TRUE NYHC
TRUE THAT
TUFF GIRL

TUFF LUCK
TURN TIDE
TWIN SUNS
UGLY BOYS
UGLY GIRL
UNDR FIRE
UPAL NITE
UPAN DOWN
USMC BRAT
USMC RECN
USMC RULZ
VAMP BITE
WANA DOIT

WANA FLIE
WANA FUCK
WARM BODY
WARM BUNS
WARM GUNS
WEST SIDE
WHAM BAMM
WHAT WHEN
WHOS DADY
WHOS GIRL
WIDE LOAD
WIDE TURN
WILD GIRL

WILL WAIT
WISH WASH
WITE POWR
WITH BAND
WICH CRFT
WOLF BITE
WONT WAIT
WOOD WORK
WORK HARD
XLR8 TION
XOXO XOXO
XXXX XXXX
YEAH RITE

YODA BUDA
YODA RULZ
YOUR DEAD
YOUR LAND
YOUR MINE
YOUR MOMA
YOUR MOVE
YOUR NAME
YOUR TURN

www.ingramcontent.com/pod-product-compliance
Lightning Source LLC
Chambersburg PA
CBHW081230170526
45165CB00009B/3023